Freud,
criador da psicanálise

Coleção **PASSO-A-PASSO**

CIÊNCIAS SOCIAIS PASSO-A-PASSO
Direção: Celso Castro

FILOSOFIA PASSO-A-PASSO
Direção: Denis L. Rosenfield

PSICANÁLISE PASSO-A-PASSO
Direção: Marco Antonio Coutinho Jorge

Ver lista de títulos no final do volume

Marco Antonio Coutinho Jorge
Nadiá Paulo Ferreira

Freud,
criador da psicanálise

ZAHAR

Capa
Sérgio Campante

CIP-Brasil. Catalogação na fonte
Sindicato Nacional dos Editores de Livros, RJ

Jorge, Marco Antonio Coutinho, 1952-
J71f Freud, criador da psicanálise / Marco Antonio Coutinho Jorge, Nadiá Paulo Ferreira. — Rio de Janeiro: Zahar, 2002.
(Passo-a-passo; 14)

Inclui bibliografia
ISBN 978-85-7110-677-2

1. Freud, Sigmund, 1856-1939. 2. Psicanálise. I. Ferreira, Naidá Paulo, 1946-. II. Título. III. Série.

CDD: 150.1952
10-2158 CDU: 159.954.2

EDITORA SCHWARCZ S.A.
Praça Floriano, 19, sala 3001 — Cinelândia
20031-050 — Rio de Janeiro — RJ
Telefone: (21) 3993-7510
www.companhiadasletras.com.br
www.blogdacompanhia.com.br
facebook.com/editorazahar
instagram.com/editorazahar
twitter.com/editorazahar

FSC
www.fsc.org
MISTO
Apoiando o manejo florestal responsável
FSC® C128038

A marca FSC® é a garantia de que a madeira utilizada na fabricação do papel deste livro provém de florestas que foram gerenciadas de maneira ambientalmente correta, socialmente justa e economicamente viável, além de outras fontes de origem controlada.

Esta obra foi composta por TopTextos Edições Gráficas em Minion e Frutiger e impressa em processo sob demanda pela Um Livro sobre papel offset para a Editora Schwarcz a partir de 2024.

Sumário

Breve introdução

A vida de Sigmund Freud foi um evento que marcou a história da humanidade. Ele descobriu que o homem é regido por forças que escapam à consciência, algo de que o ser humano tanto se gaba para diferenciar seu gênero de todas as espécies animais e que, no entanto, é apenas a ponta de um imenso iceberg chamado inconsciente. Assim como Copérnico demonstrou que a Terra não é o centro do universo e Darwin retirou o homem do centro da criação, Freud descentrou a razão: o inconsciente é a Outra Cena que revela que o ser humano não possui domínio de si mesmo. A existência de um pensamento inconsciente, operando continuamente, redimensiona de modo radical o cogito cartesiano: como sustentar que "penso, logo sou", se há algo que pensa em mim e, mais do que isso, trama à minha revelia? Logo, eu não penso, e sim "sou pensado"...

O inconsciente apresenta uma realidade sexual, e a sexualidade, que desde Aristóteles pertencia ao campo da bestialidade, se tornou a partir de Freud não só a pedra angular da constituição da subjetividade, mas também da cultura. Todas as criações humanas, sem exceção — os esportes, as artes, as ciências etc. —, estão ancoradas num desejo sexual indestrutível que constitui o núcleo do inconsciente.

A Viena de Freud

Tentamos nos aproximar do passado através dos escritos, monumentos e obras que não foram destruídos pela ação do homem ou da natureza. Nas páginas dos livros, tal como em palimpsestos, descobrimos, atrás das letras, manchas de sangue que revelam a crueldade que acompanha a história da humanidade. Freud, que sempre insistiu na procura da verdade — posicionamento ético tanto em sua vida pessoal como no tratamento de seus pacientes —, não se iludia em relação às máximas de paz e de fim da violência entre os homens.

Embora às vezes tenha sido considerado um pessimista, Freud era de fato um homem que não se deixava levar pelas ilusões: em setembro de 1932, ao responder à carta que Einstein lhe escrevera em 30 de julho, indagando-lhe sobre a forma de livrar a humanidade da ameaça de guerra, afirmou que a agressividade e a violência são tão irremovíveis quanto a tendência dos homens de se colocarem na posição de líderes ou de seguidores. O homem é o lobo do homem, ponderou em um de seus escritos. Ao final da vida, quando seu câncer já estava num estado muito avançado e o câncer nazista declarava guerra à humanidade, seu médico Max Schur lhe perguntou: "O senhor acredita que esta será a última guerra?". Ironicamente, Freud respondeu: "*Minha* última guerra."

Visitando o tempo de Freud, constatamos que é nos momentos de interlúdio, em que as guerras ficam suspensas, que se propicia um clima de estabilidade e de florescimento econômico, artístico e científico. Freud teve uma vida longa, o que lhe permitiu presenciar duas guerras mundiais e o anti-semitismo velado pelo liberalismo e assumido pelo nazismo. Oito anos antes de seu nascimento, a revolução de 1848 havia demarcado as novas tendências do quadro político europeu: a luta de várias nacionalidades para firmar autonomia própria e a disputa entre o liberalismo e o nacionalismo alemão. Nos 30 anos seguintes, essas duas forças iriam promover as reformas político-sociais, alterar o mapa geográfico da Europa e conduzir o mundo a duas guerras.

Em 1859, um ano antes de os Freud emigrarem para Viena, saía a primeira edição de *A origem das espécies*, de Charles Darwin, causando enorme repercussão e se tornando o tema central das discussões nos meios científicos e intelectuais da Europa. Nesse período, quase metade dos 15 mil judeus que moravam em Viena se instalou em Leopoldstadt, bairro em que os judeus ricos se misturavam com a grande maioria, que enfrentava dificuldades financeiras e se amontoava em áreas superpovoadas, como era o caso dos Freud. A década de 1860 assinalou também a entrada da Áustria no compasso da Revolução Industrial e da legislação progressista. Em 1867, quando Freud estava com 11 anos, o liberalismo conquistou mais uma vitória, eliminando as restrições civis que ainda vigoravam para os judeus austríacos.

Viena, como Paris, Londres e Berlim, se transformava em uma cidade cosmopolita. Ringstrasse, a longa avenida em forma de U inaugurada pelo imperador e pela imperatriz em 1865, se tornou o lugar dos novos prédios públicos e residenciais. Os cafés, um novo teatro lírico, dois suntuosos museus, a Câmara do Parlamento neoclássica e a Prefeitura neogótica inauguraram um novo cenário: a Viena dos espetáculos, das exposições, das operetas e das grandes festas ao som de valsa. Essa Viena efervescente, palco das frivolidades mundanas e do anti-semitismo velado, não agradava a Freud. Em 1872, depois de ter ido visitar sua terra natal, Freiberg, escreveu ao amigo Emil Fluss: "Poupo-lhe qualquer referência à impressão que me deu Viena." Durante seu longo noivado, escreveu para Martha Bernays que Viena lhe oprimia "talvez mais do que o que seria bom". Bem mais tarde, aos 43 anos, reiterou essa aversão, dizendo: "Nunca me senti realmente à vontade na cidade."

Os judeus da Rússia, das terras habsbúrgicas da Galícia, da Hungria ou da Morávia, como era o caso dos Freud, não paravam de chegar a Viena. Os financistas, os mascates, os pequenos lojistas, os comerciantes atacadistas, os jornalistas, os médicos e os advogados eram em sua grande maioria judeus. Mas os judeus emancipados também participavam ativamente da vida cultural e científica de Viena: editores, donos de galerias, empresários teatrais e musicais, músicos, escritores, maestros, pintores, cientistas, filósofos e historiadores — fenômeno que era chamado de "impacto da invasão judaica" pelos anti-semitas. Sem restrições civis, ouvia-se um murmúrio, com ou sem humor, contra os judeus e alguns pediam sua expulsão do território austríaco.

Em 9 de maio de 1873, ano em que Freud ingressou na universidade, veio a quebra do mercado de ações, que ficou conhecida como a Sexta-Feira Negra. Banqueiros, homens de negócios, artesãos e agricultores faliram do dia para a noite. Os judeus se tornaram, então, o bode expiatório do colapso financeiro, intensificando o anti-semitismo. Protestos se realizavam na frente da Bolsa de Ações de Viena, com manifestantes carregando cartazes com caricaturas de judeus.

Em seu *Estudo autobiográfico*, Freud afirma que nesse ano sentiu "desapontamentos consideráveis", percebendo que, por ser judeu, alguns o consideravam "estranho" e esperavam que ele se sentisse "inferior". Em relação a essa experiência, confessa que jamais fora capaz de compreender por que deveria se sentir envergonhado de sua ascendência ou, como as pessoas começavam a dizer, de sua *raça*. Mas, para Freud, essas primeiras impressões na universidade tiveram uma conseqüência que viria a ser importante: em uma idade prematura familiarizara-se com o destino de *estar na oposição* e de ser posto *sob o anátema da maioria compacta*. A hostilidade encoberta aos judeus que viviam na Áustria levou-o a se identificar com o liberalismo e apoiá-lo através do voto.

Os Freud

Tudo começou na cidade de Freiberg, hoje Pribor, situada a noroeste da Morávia, território da Europa Central que corresponde à ex-Tchecoslováquia, parte do Império Austro-Húngaro. A errância, durante séculos, em função das dificuldades econômicas e das perseguições, é um dos fatos que se destaca na história dos judeus. Os Freud não eram exceção e se fixaram em Freiberg, onde se instalou uma pequena comunidade judaica que, em sua maioria, falava o iídiche ou o alemão em vez do tcheco. A história da família e a genealogia do sobrenome se inscrevem nessa saga judaica. Em sua autobiografia, Freud declara que tinha razões para acreditar que a família de seu pai residira por muito tempo em Colônia, na região do Reno. Durante o século XIV ou XV, em função da perseguição aos judeus, fugira para o leste e, no curso do século XIX, migrou da Lituânia, passando pela Galícia, até se fixar em Freiberg.

O nome Freud tem a mesma raiz da palavra *freude*, que em alemão significa alegria, prazer, regozijo, e se origina de Freid, que é o nome da bisavó materna do pai de Freud. A mudança foi adotada pela família do pai de Freud, em 1789, quando o imperador José II emancipou os judeus, estendendo-lhes os direitos dos cidadãos do Império Austro-Húngaro. Seu pai, Kallamon Jacob Freud, filho e neto de rabinos, trabalhava no comércio de lã e se casou com Sally Kanner, sobre cuja vida e condições de morte se sabe muito pouco. Deixou o marido viúvo com dois filhos: Emanuel e Philipp. Alguns biógrafos de Freud levantaram a hipótese de um segundo casamento de Jacob com Rebekka, morta entre 1852 e 1855. Freud sempre ignorou esse segundo casamento do pai.

Em 1855, Jacob se casou com Amalia Nathanson, 20 anos mais nova do que ele, e os dois filhos de seu primeiro casamento foram morar com os recém-casados. Tiveram oito filhos, três meninos e cinco meninas: Sigmund, Julius e Alexander; Anna, Marie (Mitzi), Adolfine (Dolfi), Pauline (Paula), e Débora (Rosa). Jacob é descrito pela maioria dos biógrafos de Freud como um homem simples, tranqüilo, otimista inveterado, simpático, generoso, bem humorado e confiante de que Freud teria um grande futuro. Amalia, considerada bonita, vaidosa e inteligente, era vista por seu neto Martin (filho de Freud) como uma mulher que falava bem, não tinha papas na língua, de caráter resoluto, pouco paciente e muito inteligente. Alguns episódios narrados pelos biógrafos de Freud reforçam esse perfil: aos 90 anos, recusou o presente de um belíssimo xale, alegando que a "envelheceria" e, ao ver sua foto publicada num jornal, fez o seguinte comentário: "Que retrato ruim, pareço uma centenária!"

Em 6 de maio de 1856, nasceu o primogênito, aquele que iria inventar a psicanálise, recebendo o nome de Schlomo Sigismund. O primeiro nome, Schlomo, dado em homenagem ao avô paterno, que tinha falecido três meses antes, nunca foi usado por Freud. O segundo, Sigismund, foi alterado por ele, que retirou duas letras, passando a assinar Sigmund Freud. Sem dúvida, Freud foi um filho amado pelo pai e o predileto de sua mãe, que o chamou durante toda sua vida de "meu Sigi de ouro".

Em 1859, durante a guerra austro-italiana, quando Freud estava com três anos de idade, os negócios de Jacob não resistiram ao processo de industrialização e entraram em crise. O trem de Viena deixou de servir Freiberg e a cidade foi assolada pela inflação e o desemprego em massa. Além disso, os judeus que falavam alemão e eram donos de fábricas de tecidos começaram a ser hostilizados pelos tchecos. Jacob se mudou com toda a família para Leipzig, na Alemanha, onde viveu com dificuldades financeiras — que aliás iriam acompanhá-lo pelo resto da vida. No ano seguinte, os Freud foram para Viena e se instalaram em Leopoldstadt. Nessa mesma época, Emanuel e Philipp, irmãos de Freud por parte do pai, emigraram para a Grã-Bretanha.

Da anestesia ao amor: da medicina à psicanálise

Freud declara em sua autobiografia que foi o primeiro da turma durante sete anos e, justamente por isso, desfrutava de privilégios especiais. Com 17 anos, ao ingressar na Universidade de Viena para cursar medicina, falava correntemente francês e inglês, dominava o latim, o grego e o hebreu, e tinha algum conhecimento de espanhol e de italiano. Durante o curso, tinha que freqüentar quase 30 horas semanais de aulas práticas e teóricas nas disciplinas médicas. Mas se apaixonou mesmo foi pela biologia e pelas aulas de zoologia do professor Ernst Wilhelm von Brücke, que dirigia um laboratório de pesquisa que levava seu nome. Em 1876, Brücke lhe ofereceu uma bolsa de estudos e Freud aceitou. O tema de sua pesquisa era as glândulas sexuais das enguias. Da alegria de seu trabalho nesse laboratório, temos seu testemunho em *Um estudo autobiográfico*: "Por fim, no laboratório de fisiologia de Ernst Brücke encontrei tranqüilidade e satisfação plena — e também homens que pude respeitar e tomar como meus modelos: o próprio grande Brücke e seus assistentes, Sigmund Exner e Ernst Fleischl von Marxow." Finalmente, em 1880, resolveu prestar seus exames de medicina. Formou-se no ano seguinte, obtendo menção honrosa, e continuou trabalhando no laboratório de Brücke.

Em 1882, apaixonou-se por Martha Bernays e quis se casar o mais rápido possível. Ao tentar encontrar uma solução para as dificuldades financeiras que impediam seu casamento, resolveu abandonar a carreira de pesquisador, saiu do laboratório Brücke e foi trabalhar em clínica geral no Hospital Geral de Viena. Não gostava do trabalho e, no ano seguinte, conseguiu se transferir para o setor de psiquiatria — sob a chefia de Meynert, especialista em anatomia do cérebro —, permanecendo três anos nesse hospital. Sobre essa fase de sua vida, ele nos conta em sua autobiografia: "Tornei-me tão atuante no Instituto de Anatomia Cerebral quanto o havia sido no de fisiologia." Ainda naquele ano, seu amigo Breuer lhe relatou o tratamento de Anna O. (Bertha Pappenheim).

Durante sua estadia no Hospital Geral de Viena a cocaína tinha sido introduzida nos Estados Unidos e na

Europa. Freud começou a pesquisar suas propriedades e se entusiasmou com os efeitos terapêuticos da substância, passando não só a usá-la, mas também a receitá-la: como estimulante, para os distúrbios digestivos, para combater os vícios da morfina e do álcool e para o tratamento da asma e dos estados depressivos.

É preciso lembrar que nessa época não havia restrições à cocaína e ela não era considerada droga no sentido que hoje se dá a essa palavra. A cocaína era usada nos Estados Unidos como medicamento para revigorar a energia, para aliviar a sinusite e a febre do feno, e para o tratamento de viciados em ópio, morfina e bebidas alcoólicas. Transforma-ra-se também em ingrediente favorito de bebidas gasosas, vinhos e outros produtos. A companhia Parke Davis vendia cigarros e charutos de folha de coca e lançou no mercado a bebida Coca Cordial, semelhante a um licor, além de injeções subcutâneas, ungüentos e vaporizadores feitos com o produto.

Outro fato importante, relacionado à cocaína, foi a entrada em cena do oftalmologista Carl Koller, presidente do Departamento de Oftalmologia do mesmo hospital em que Freud trabalhava. Nesse período, Freud estava pesquisando o uso anestésico da cocaína, o que resultou em seu ensaio *Über Coca,* publicado em julho de 1884. Nele, faz alusão a esse efeito anestésico, quando a cocaína é aplicada em solução concentrada na pele e na mucosa. Termina seu texto afirmando que "as propriedades anestésicas da cocaína devem torná-la adequada a muitas outras aplicações". Koller leu o artigo; começou a fazer testes nos olhos de rãs, de coelhos e de cachorros no Instituto de Anatomia Patológica de Stricker; e escreveu uma *Comunicação preliminar*, apresentada no Congresso Oftalmológico de Heildelberg em 15 de setembro. Em seguida, escreveu outro ensaio e o apresentou em Viena, em 17 de outubro, diante da Sociedade dos Médicos: "A cocaína foi competentemente trazida ao conhecimento dos médicos vienenses pela minuciosa compilação e pelo interessante ensaio terapêutico do meu colega de hospital Dr. Sigmund Freud."

Koller foi para Nova York, onde publicou o ensaio que tinha apresentado em Viena. Só que, agora, citava o texto de Freud como se datasse de agosto e não de julho, a fim de que parecesse que ele e Freud estavam pesquisando a mesma coisa simultaneamente. Mais tarde, Koller chegou a afirmar que o ensaio de Freud fora publicado um ano depois de sua descoberta. Em síntese, Koller ficou na história como o pai da anestesia local, que se tornou extremamente importante para as microcirurgias oculares.

Por que Freud não levou adiante sua pesquisa sobre os efeitos anestésicos da cocaína e apenas os indicou em seu artigo sobre o tema? Porque estava apaixonado por Martha. Ele mesmo nos conta em sua autobiografia que fazia dois anos não via sua noiva, que residia numa cidade distante de Viena. Então, ao surgir a oportunidade de visitá-la, resolveu encerrar rapidamente sua pesquisa e escrever uma monografia sobre a cocaína. Quando voltou das férias, Carl Koller já estava sendo aclamado em Nova York.

A mágoa sentida pela traição de Koller foi superada um ano depois ao receber a notícia de que fora escolhido para uma bolsa de estudos no Hospital Salpêtrière, em Paris. Ali brilhava o neurologista Jean Martin Charcot, que recorria à hipnose para demonstrar que a histeria é uma doença nervosa que obedece a leis, e não uma simulação. Sem o amor de Freud pela verdade e por Martha, talvez ele não fosse levado a prosseguir na direção de estudos que diziam respeito, em última instância, ao próprio amor e à sexualidade, permanecendo na história com o restrito mérito que coube a Koller.

Ao chegar a Paris em outubro de 1885, Freud tinha 30 anos de idade. Essa viagem teve enorme repercussão, pois o levou a abandonar a anatomopatologia e a se interessar pelos problemas colocados pela histeria, que nessa época constituíam um enigma: os sintomas histéricos não obedeciam às localizações neurológicas, mas a uma anatomia imaginária! As demonstrações clínicas de Charcot, assistidas por Freud até fevereiro de 1886, causaram-lhe grande impacto. Um episódio o marcou tão profundamente que ele jamais o esqueceria: numa discussão em que alguém se opôs a Charcot, dizendo que suas teses contradiziam determinada teoria, este replicou: "Teoria é bom, mas isso não impede de existir." Freud manteve ao longo de sua vida a mesma tenacidade que percebera em Charcot, questionando sempre a teoria a partir de sua prática clínica.

Ao retornar de Paris, Freud se estabeleceu em Viena como médico especialista em doenças nervosas e começou a traduzir para o alemão dois livros do mestre Charcot: *Leçons sur les maladies du système nerveux* (*Lições sobre as doenças do sistema nervoso*) e *Leçons du mardi* (*Lições de terça-feira*), que foram publicados em 1886 e 1894, respectivamente. Instigado pelas pesquisas de Charcot, entre 1885 e 1895 Freud construiria as bases de sua teoria sobre a etiologia sexual das neuroses. Durante esses anos, escutando as pacientes histéricas, Freud abriria uma via nova de reflexão e de prática clínica: a psicanálise. Sem dúvida, os estudos sobre a histeria presidiram o nascimento da psicanálise — as questões colocadas através dos sintomas e queixas histéricos apontavam precisamente para esse núcleo sexual. A indagação fundamental da histeria — "Sou homem ou mulher?" — iria levar Freud, muito mais tarde, à descoberta de que *não há a inscrição da diferença sexual no inconsciente.* Este fator é o responsável pela *bissexualidade* constitucional do sujeito. Já a tradução feita pelo neurótico obsessivo dessa mesma indação é: "Qual o sexo do meu objeto — masculino ou feminino?".

O fato de Freud ter se formado em medicina não significa que defendia a tese segundo a qual a formação do psicanalista exigiria como pré-requisito o diploma médico. Muito pelo contrário, escreveu um longo ensaio intitulado "A questão da análise leiga", em que sustenta que a condição essencial para a prática clínica da psicanálise é a experiência de análise. Sem isso, ninguém pode se tornar um analista. A formação do psicanalista, ao longo da história da psicanálise, adquire mais tarde feição completa com o tripé constituído pela análise pessoal, pelo estudo teórico e pela supervisão clínica.

Na época de Freud, a medicina começou a se impor como uma prática que utilizava as pesquisas e as descobertas das diferentes ciências (biologia, química, física etc.) para fazer um diagnóstico, aplicar uma terapêutica e estabelecer um prognóstico. Ironicamente, foi nesse campo que a chegada da psicanálise encontrou mais resistência, sendo inclusive interpretada como um possível retrocesso da medicina e um retorno às especulações filosóficas e místicas da chamada "filosofia da natureza".

A clínica psicanalítica desde sempre — ao contrário da clínica médica, que se baseava essencialmente no olhar — retira toda sua eficácia da escuta de uma fala, na qual a verdade aparece em seu estado nascente. O saber em jogo na experiência da análise é um saber que se caracteriza por estar intimamente associado à verdade do sujeito, não é um saber acadêmico nem doutrinário, mas um saber singular. Esta revelação exige que o analista não só esteja sempre estudando a teoria da psicanálise, mas também que a coloque em suspenso, quando está escutando seu paciente. Eis por que Freud sugere que o analista deve tomar cada novo paciente como se fosse o primeiro e escutá-lo em sua radical singularidade. O que isto significa? A singularidade remete para a reconstituição, aqui e agora, da história de um sujeito. Freud recomenda ao psicanalista uma *atenção flutuante*, isto é, ele não deve a priori privilegiar nada em sua escuta. Se o fizer, fica surdo ao que está sendo dito, o que o conduz a interpretar a fala do analisando a partir de suas preferências pessoais e de seus *pré-conceitos*, ainda que estes estejam calcados em conceitos teóricos. Jacques Lacan, em sua releitura de Freud, sublinhou extensamente essa posição do analista e afirmou, ao final da vida, que era de seus analisandos que aprendia tudo, que aprendia o que era a psicanálise. Chegar a essa condição de escuta exige o percurso de uma análise e, justamente por isso, a experiência analítica é o aspecto essencial do tripé que constitui a formação de um psicanalista.

A atenção flutuante é o correlato, no analista, da *regra fundamental da associação livre*, segundo a qual o analisando é convidado a falar tudo que lhe passa na cabeça, sem exercer o crivo da censura. Lacan interpretou a atenção flutuante como uma *ignorância douta*, expressão que por seu caráter paradoxal revela a dificuldade inerente à posição do analista no tratamento. Trata-se de uma ignorância que não exclui o saber da teoria, mas que destaca a posição de escuta de um Outro saber, o saber inconsciente, que tem como característica principal a ruptura com toda forma de saber consciente. Em uma análise, tanto o analista, em sua escuta, quanto o analisando, em sua fala, são surpreendidos com a revelação da verdade inerente ao saber inconsciente.

Mais uma demarcação se impõe para diferenciar as clínicas médica e psicanalítica. A prática médica se esteia num objetivo terapêutico preestabelecido, calcado nos ideais de saúde e de normalidade, visando a eliminação dos sintomas e o retorno a um estado anterior de "silêncio dos órgãos". A prática psicanalítica se dirige para além da supressão dos sintomas, porque estes se formam por ação do recalque. Recalcar significa, ao mesmo tempo, negar — a partícula *não*, para Freud, é a marca registrada do recalque — e manter o que foi negado afastado da consciência. Mas o recalcado sempre retorna. O conflito psíquico entre o consciente e o inconsciente resulta no retorno do recalcado, ainda que sob a forma de um disfarce. Essa dissimulação tem um nome, chama-se sintoma neurótico. Daí Freud definir o sintoma como sendo uma *formação substitutiva*. O que outrora deu satisfação é retirado da consciência e substituído por um sintoma. Isso faz com que a mesma satisfação passe, a partir dessa substituição, a ser extraída do sintoma. Quem não conhece alguém que, apesar das queixas, cultiva com zelo as causas do seu sofrimento?

Na experiência analítica trata-se de revelação, através da interpretação, porque o inconsciente só se manifesta pela via da deformação, da distorção e da transposição. Cabe, então, a pergunta: o que é revelado em uma análise? O desejo inconsciente. Exatamente isso que o sujeito não quer saber e recalca. Não há dúvida de que começar a falar do sofrimento causado pelo sintoma produz um certo alívio, uma espécie de domesticação. O desaparecimento dos sintomas, que causam tanto sofrimento, é efeito de uma análise. Daí o tratamento psicanalítico se dirigir para além da cura do sintoma, isto é, para o reconhecimento do desejo.

Os sonhos: via régia para o inconsciente

Freud quis estender sua descoberta do inconsciente de modo que ela não se restringisse ao campo da patologia. Essa amplitude se revelou em três obras fundamentais, "canônicas em matéria de inconsciente", segundo Lacan: *A interpretação dos sonhos*, *A psicopatologia da vida cotidiana* e *Os chistes e sua relação com o inconsciente*. Esses textos, publicados na aurora da obra de Freud, marcam a onipresença do inconsciente para além dos processos patológicos, revelando que a estrutura desses processos é a mesma encontrada nos fenômenos mais banais da vida cotidiana. São três livros que — tal como os três toques de um tambor, os três toques do sujeito que bate à porta, ou ainda as três sinetas do teatro que avisam a entrada em cena — anunciam a descoberta do inconsciente. Mais tarde, esse raio de ação do inconsciente se amplia nos trabalhos em que aborda a psicologia das massas e o problema do mal-estar na cultura.

Segundo Freud, Aristóteles já tinha apreendido a importância dos sonhos, na medida em que anteviu neles a revelação da natureza demoníaca do homem. Os sonhos são a via régia para o inconsciente, pois representam a realização de um desejo recalcado. Já vimos que não há recalque sem retorno do recalcado. Então, se um desejo foi expulso da consciência, mesmo no sonho ele só pode reaparecer sob a forma de disfarce, o que faz com que o sujeito não reconheça o que não quer saber. É nesse sentido que, para a psicanálise, todo sonho se apresenta como um enigma. O sonho, uma linguagem cifrada que exige decifração e não visa comunicar nada a ninguém, é composto por imagens com valor de palavra, que se associam como um verdadeiro *rébus* (enigma composto de imagens) para tecer uma mensagem.

Há um trabalho a ser feito pelos mecanismos do sonho, que são os mesmos que regem o funcionamento do inconsciente: a *condensação* e o *deslocamento*. A função desses mecanismos é distorcer o desejo recalcado, burlando dessa forma a censura. Portanto, quanto mais rigorosa for essa censura, maior e mais engenhoso será o disfarce. Para compreendermos melhor a função desses mecanismos no trabalho do sonho, é preciso levar em consideração dois conteúdos: o manifesto e o latente.

O *conteúdo manifesto* é o modo pelo qual o sonho se apresenta para nós quando despertamos, e o *conteúdo latente* se refere aos pensamentos inconscientes. O conteúdo manifesto e os pensamentos do sonho (conteúdo latente) são, portanto, duas versões diferentes do desejo inconsciente. Ou, como diz Freud, o conteúdo manifesto é uma transcrição dos pensamentos inconscientes em outro modo de expressão. Assim, podemos concluir que o conteúdo latente está para o original assim como o conteúdo manifesto está para sua tradução.

Mas o que são a condensação e o deslocamento? Além de serem mecanismos que estão a serviço do trabalho do sonho, apresentam-se sempre numa rede de sobredeterminação. A *condensação* tem como principal atributo a síntese. Eis o motivo de Freud chamar atenção para o fato de que os sonhos se apresentam breves, concisos e lacônicos em comparação com a série dos pensamentos oníricos revelados em sua interpretação. O relato de um sonho de apenas um parágrafo pode ter várias páginas de interpretação. O *deslocamento* se caracteriza por uma transferência de intensidades psíquicas. Um elemento sem valor psíquico retira a atenção de outro verdadeiramente importante em relação ao desejo do sujeito. Um delicioso exemplo de deslocamento é dado pelo próprio Freud: quando foi aos Estados Unidos, dizia ter ido *não* para dar conferências e difundir a psicanálise, mas para "ver o porco-espinho e para ver também antigüidades cipriotas"!

Tomemos outro exemplo de Freud, o sonho intitulado "Monografia Botânica": ele havia escrito uma monografia sobre um gênero não especificado de plantas; na encadernação do livro havia uma planta seca e, ao virar uma página, aparecia uma lâmina colorida dobrada. Botânica e monografia condensam no nível manifesto todos os pensamentos que deram origem ao sonho.

O termo *botânica* é associado por Freud à figura do Professor *Gärtner* [Jardineiro], à aparência "florescente" de sua mulher e às suas pacientes Flora e Sra. L. A figura de Gärtner o remete para sua conversa com Königstein no laboratório, onde as duas pacientes, Flora e Sra. L., foram mencionadas, e também para o episódio da cocaína, o qual, como já vimos, fez com que se sentisse traído pelo oftalmologista Carl Koller, que omitiu deliberadamente a precedência das pesquisas de Freud sobre o caráter anestésico dessa substância. O nome *Flora* faz com que se lembre das flores favoritas de sua mulher. A palavra *flores*, por sua vez, o leva à recordação de um episódio que se passou na escola secundária e de uma prova que fez na universidade. Um dos temas abordados na conversa com o Dr. Königstein foi sobre seu passatempo favorito, que era colecionar antigüidades. Este tema o faz lembrar de uma de suas brincadeiras prediletas: dizer que a alcachofra era sua flor favorita. As alcachofras o conduzem aos pensamentos sobre a Itália e a uma cena de sua infância, que marcou suas relações íntimas com os livros.

O termo *monografia* é associado com a parcialidade de seus estudos e com o preço que paga por seu passatempo preferido. Quanto à lâmina colorida, Freud a relaciona às críticas de seus colegas e à lembrança infantil em que ele rasgava um livro com lâminas coloridas. Assim, este conteúdo, sintetizado na imagem de um livro, onde se destacam a capa e a primeira página vinculadas às palavras *monografia* e *botânica*, é inteiramente diverso dos pensamentos inconscientes que motivaram o sonho. A função desse deslocamento é, então, distorcer a realização do desejo inconsciente no sonho. As imagens compósitas que comparecem nos sonhos — e uma das características maiores dos sonhos destacadas por Freud é a de que eles são constituídos em grande parte por imagens — têm a função de bloquear a verdade. Como diria Lacan em 1975 numa conferência em Yale, uma imagem *sempre* bloqueia a verdade.

Freud conclui que o núcleo central, no nível manifesto do sonho, é a palavra *botânica*. Porém, no nível latente, os pensamentos que engendram o sonho têm como palavra-chave o termo *monografia*. É a este que estão relacionados o desejo de resolver os conflitos que surgem no trabalho, de ser reconhecido e o sentimento de culpa causado pelos sacrifícios para sustentar seu passatempo.

A peste e o sexual

Ao criar a psicanálise, Freud inaugurou um novo campo do saber, distinto do discurso médico. Essa passagem da medicina à psicanálise teve como marco o ano de 1899, quando em 4 de novembro, aos 43 anos de idade, publicou o livro *A interpretação dos sonhos* (*Die Traumdeutung*), revelando ao mundo os mecanismos do inconsciente no processo de elaboração dos sonhos. Comparou sua descoberta do inconsciente com a de Tróia pelo arqueólogo Schliemann, quando ele tinha 18 anos. Em outro momento, afirmou que "um discernimento claro como esse só se faz uma vez na vida". Freud solicitou ao editor Franz Deutike que colocasse a data de 1900, prevendo de algum modo que seu livro seria a marca de um novo século. Mas diferentemente do sucesso obtido por Darwin, seu livro é ignorado, vendendo apenas 351 exemplares ao longo de seis anos.

Alguns anos depois, em setembro de 1909, Freud foi convidado pelo psicólogo norte-americano Stanley Hall para falar na Universidade Clark em Worcester, Massachusetts, que comemorava seu vigésimo aniversário de fundação. Após as conferências preparatórias ali realizadas por Ernest Jones, Freud apresentou, em cinco lições, seu primeiro relato sobre o surgimento e o desenvolvimento da psicanálise. Jung tinha sugerido que ele falasse sobre os sonhos, mas Freud acabou optando por apresentar uma visão geral da psicanálise. A primeira conferência tratava do sintoma para a psicanálise, e as seguintes tinham como tema a dissociação do sujeito, as formações do inconsciente (sonhos, lapsos, atos falhos, esquecimentos etc.), a sexualidade infantil, o complexo de Édipo e a transferência.

Viajando de navio para os Estados Unidos, na companhia dos discípulos Carl Gustav Jung e Sandor Ferenczi, eles conversavam sobre seus sonhos e a importância dessas conferências para o futuro da causa (palavra cara a Freud) psicanalítica. Freud diria inclusive a Jung: "Eles não sabem que nós estamos levando a peste." Essa viagem teve um valor especial para Freud, porque não só realizou sua aspiração de reconhecimento mundial da psicanálise, mas também reparou a indiferença e o pouco caso com que foi recebida *A interpretação dos sonhos*. Se Freud se separaria de Jung poucos anos depois, Ferenczi, com seu "talento polifacetado e sua originalidade", continuaria sendo seu aluno dileto até a sua morte. No obituário de Ferenczi, escrito em 1933, Freud conta que na manhã em que iniciaria seu ciclo de conferências nos EUA, passeando com Ferenczi ao redor dos prédios da universidade, pediu-lhe para propor o tema da conferência e este esboçou o que meia hora depois ele improvisaria. O célebre artigo de 1937, "Análise finita e análise infinita", revela igualmente a importância que Freud atribuía à palavra de Ferenczi. Nele, Freud estabelece um longo e profícuo diálogo com o artigo "O problema do fim da análise", escrito por Ferenczi em 1928, primeiro a tratar do tema na literatura psicanalítica.

Mas voltemos ao início da década de 1890. Em 1893 foi publicado o texto, escrito com Breuer, *Estudos sobre a histeria: comunicação preliminar.* Este artigo não foi bem aceito, porque corria nos círculos científicos de Viena que um "verdadeiro médico" não deveria se preocupar com a histeria. Há muito tempo Freud ouvira os comentários jocosos que os médicos faziam entre si, nos bastidores das reuniões científicas, sobre a histeria. O ginecologista Chrobak afirmara que, embora não pudesse ser prescrita, a única receita para a histeria seria: *penis normalis dosis repetatur* (pênis normal em doses repetidas). Em outra ocasião, Breuer falara de uma paciente nos seguintes termos: "Essas coisas são sempre *secrets d'alcôve* (segredos de alcova)!". Durante sua estada em Paris, numa recepção na belíssima mansão de Charcot no boulevard Saint-Germain, hoje transformada na Maison de l'Amérique Latine, Freud ouviu-o dizer sobre uma paciente a um colega: "*Mais, dans des cas pareils, c'est toujours la chose génitale, toujours... toujours... toujours*" ("Mas em casos como esse, é sempre a coisa genital, sempre... sempre... sempre"). Tal como um psicanalista escutando a fala de seu paciente, Freud depreendeu desses comentários que esses homens tinham um conhecimento, mas não sabiam que tinham: na sexualidade está a causa da histeria. É nesse contexto que Freud começa, então, a construir sua teoria sobre o trauma, onde a sedução adquire um lugar central. Embora Breuer defendesse Freud perante a indignação da Sociedade Médica de Viena, ele lhe confessara que não acreditava nisso, o que acabou levando à ruptura da amizade entre ambos.

Desejoso de conhecer Roma, Freud viajou e se deteve nas margens do lago Trasímeno (província de Perúgia, que fica a 145km de Roma). Retornando a Viena, tal como Aníbal — um dos heróis de sua juventude — após a vitória de Trasímeno, ficou por ali e não avançou até Roma. Na véspera do retorno, em 21 de setembro de 1897, escreveu uma carta a seu amigo Wilhelm Fliess dizendo: "Não creio mais em minha neurótica." Essa frase se referia ao fato de que as pacientes histéricas narravam com freqüência episódios de sedução, que envolviam muitas vezes os próprios pais. Até esse momento, Freud concebia a histeria como decorrência de uma experiência traumática resultante de uma cena de sedução sexual. A teoria do trauma e da sedução seria, na verdade, uma ponte para a conquista de Freud sobre as relações entre sexualidade e inconsciente. A partir desse momento, Freud passou a se interrogar sobre a onipresença do trauma sexual e, desse questionamento, surgiu sua concepção de *fantasia inconsciente*, o que fez com que abandonasse a teoria do *trauma sexual* e adotasse a teoria do *sexo traumático*. A relação do trauma com o sexual se torna a marca essencial da sexualidade humana.

Desde 1887, Freud elegera como seu amigo predileto Fliess, médico otorrinolaringologista, dois anos mais novo do que ele e a quem fora apresentado por Breuer, que lhe sugeriu assistir às conferências de Freud sobre neurologia. Fliess também estava fazendo pesquisas sobre a fisiologia sexual e Freud contava com seu apoio para a teoria sobre a sexualidade. A partir dessa identificação, irrompeu uma intensa amizade que perduraria até 1904, ano em que foi interrompida a correspondência entre eles. A amizade entre Freud e Fliess ocorreu precisamente durante o período de criação da psicanálise, e a correspondência de Freud para Fliess (não a de Fliess para Freud que, tudo indica, teria sido destruída por ele) tornou-se um valioso documento para os psicanalistas. Nessas cartas, constatamos que Freud colocava Fliess no lugar do psicanalista, dirigindo para ele suas questões fundamentais, tanto pessoais quanto teóricas.

O ponto que constituía o objeto de maior interesse desses dois homens — Freud desbravou a psicologia tanto quanto Fliess quis, sem êxito, fazer o mesmo com a biologia — era a bissexualidade. Esse tema, muito em voga no século XIX, encontrava em Fliess um de seus maiores defensores. Entretanto, Fliess era partidário da idéia de que a bissexualidade estava presente em todos os organismos vivos, ao passo que, para Freud, tratava-se de elaborar uma concepção da *bissexualidade psicológica* que permitisse dar conta da exuberante sexualidade dos seres humanos.

Seria apenas ao término desse longo debate sobre a bissexualidade com Fliess que Freud iria desenvolver o conceito fundamental de *pulsão*, em torno do qual construiu a concepção psicanalítica da sexualidade. Em 1905, um ano após a ruptura com Fliess — que o acusou de ter comunicado a Swoboda, um paciente de Freud, suas idéias e este, por sua vez, as teria passado a um escritor talentoso, Otto Weininger, que escreveu um livro de grande sucesso sobre a bissexualidade —, foram publicados os *Três ensaios sobre a teoria da sexualidade.* As teses sobre a sexualidade infantil provocaram mais impacto do que a descoberta do inconsciente. Essas teses, tais quais as de Darwin, escandalizaram a comunidade médica vienense e européia. Freud confessa, em sua autobiografia, escrita em 1924 e publicada no ano seguinte, que essa descoberta custou-lhe o descrédito como médico, porque ia contra um dos maiores preconceitos, a crença de que a infância é a idade da inocência.

A guerra, segundo Freud, aumentou o interesse e a procura pela psicanálise, em função dos traumas que deixou nos sobreviventes. Mas, em relação à sexualidade, a resistência permanecia. Em 1920, no prefácio para a quarta edição dos *Três ensaios*, escreve que "nem todas as partes da doutrina tiveram o mesmo destino". As descobertas relativas ao inconsciente, aos mecanismos do recalque e à formação de sintomas eram cada vez mais aceitas. Mas os fundamentos da doutrina sobre a sexualidade continuavam a ser contestados, embora essas descobertas estivessem intimamente ligadas: os sintomas *são* a realização da satisfação sexual, pulsional, de modo distorcido, ainda que produzindo sofrimento para o sujeito.

A clínica da histeria

Em 1886, de volta a Viena depois de sua temporada parisiense com Charcot, Freud abriu seu consultório. Recebeu também convite do pediatra Max Kassowitz para trabalhar no Departamento Neurológico do Instituto de Doenças Infantis, tornando-se uma autoridade em paralisias infantis. E casou-se com Martha, a quem todos, inclusive ele, chamavam de "Mamãe". Com ela viveu até a morte e teve seis filhos, cujos nomes foram todos escolhidos por ele não segundo a moda do momento, mas como uma forma de reverenciar a memória daqueles que tiveram importância em sua vida. Mathilde, a primeira filha, foi uma homenagem à esposa de Breuer; o nome dado ao segundo, Jean Martin, homenageava Charcot.

Em 1889, entusiasmou-se pela eficácia do método catártico, que Breuer usou como técnica no tratamento de Anna O. Resolveu, então, aplicá-lo em sua clínica, usando-o pela primeira vez em 1º de maio daquele ano, no tratamento de Emmy. Dessa época datam, ainda, os relatos dos tratamentos de outras três mulheres: Lucy R., Katharina e Elisabeth von R.

Fiquemos apenas com os dois primeiros casos. Emmy von N., uma senhora rica, então com 40 anos, casara-se com um industrial muito mais velho do que ela quando tinha 23 anos. Seu marido morreu de um derrame cerebral, deixando-a com duas filhas: uma com 14 e outra com 16 anos. Essas filhas também apresentavam distúrbios nervosos. Enferma desde a morte do marido, todos os esforços médicos para curá-la não davam resultados. Na época em que procurou Freud, apresentava alucinações com animais e se entregou docilmente à hipnose.

O tratamento pelo método catártico consiste em colocar o paciente em transe hipnótico, visando reconstituir a lembrança da cena traumática que está afastada da consciência. Nesse caso, Freud fez duas observações. Primeiro, verificou que durante o transe hipnótico Emmy sabia o que lhe contara em outras sessões. Entretanto, em estado de vigília demonstrava ignorar tudo o que dissera naquele estado. Segundo, surpreendeu-se com o fato de que, também em estado de transe hipnótico, ela se recordava de fatos relacionados ao núcleo patógeno do trauma, sem que ele lhe fizesse perguntas. Essas questões ficaram em suspenso e só foram retomadas depois que abandonou definitivamente a hipnose, levando-o a descobrir a técnica do tratamento analítico, que é a associação livre.

O método catártico se baseia na hipótese de eliminar um a um os sintomas, através da recordação sob hipnose. Estes, por sua vez, estão ligados a acontecimentos traumáticos que promoveram afetos de repúdio, de ódio e de culpa. Freud passou a considerar esse método insuficiente, na medida em que ia se dando conta de que era preciso tomar consciência desses afetos, a fim de que fossem integrados à fala, fazendo com que o paciente não permanecesse na ignorância. Mais tarde Lacan veio a considerar a ignorância, além do amor e do ódio, uma das três *paixões fundamentais do ser*, justamente porque o sujeito neurótico tende a se agarrar a ela de modo obstinado.

Algum tempo depois do término do tratamento, Freud nos relata que, no fim do verão de 1893, recebeu um bilhete de Emmy, pedindo-lhe permissão para ser hipnotizada por outro médico, já que estava de novo doente e não podia vir a Viena. Nesse momento, como ainda não tinha descoberto o amor de transferência, comentou que não compreendera tal pedido e, em seguida, o associou ao fato de que quando começou o tratamento da Sra. Emmy exigiu que ela só poderia ser hipnotizada por ele.

O tratamento de Lucy R. começou no fim de 1892, durando nove semanas. Lucy trabalhava como governanta na casa do diretor-gerente de uma fábrica nos arredores de Viena e apresentava os seguintes sintomas: sensação de um tormento subjetivo ligado ao cheiro de pudim queimado, depressão, fadiga, um peso na cabeça e perda de apetite.

Ao contrário de Emmy, Lucy R. resistia à hipnose e não entrava em estado de sono profundo. Freud se viu diante de duas opções: recusar-se a tratar de Lucy ou se aventurar à experiência de empregar o método catártico sem o sonambulismo, precondição desse método. Freud optou por prosseguir o tratamento, segundo suas próprias palavras, em um estado que diferia muito pouco de um estado normal. Aliás, no relato desse caso, confessa que estava começando a ficar cansado de dizer "Você vai dormir durma!", e de ouvir reclamações da paciente quando esta não atingia o estado de sonambulismo: "Mas doutor, eu *não* estou dormindo."

Assim, Lucy o levou a substituir a ordem de dormir por perguntas: "Há quanto tempo tem este sintoma?", "Qual foi sua origem?". Mas, como as respostas que recebia eram "não sei", resolveu colocar a mão na testa da paciente ou lhe pegar a cabeça entre a mãos e dizer: "Você pensará nisso sob a pressão da minha mão. No momento em que eu relaxar a pressão, verá algo à sua frente, ou algo aparecerá em sua cabeça. Agarre-o. Será o que estamos procurando." Esse recurso, já usado com outros pacientes, sempre lhe causava grande surpresa, porque conduzia o paciente a rememorações importantes. Atento às questões que sustentam a relação entre médico e paciente, acabaria, mais tarde, descobrindo o amor de transferência.

Freud, então, resolveu perguntar em que ocasião Lucy tinha sentido, pela primeira vez, o cheiro de pudim queimado. Ela respondeu que, na época em que resolveu largar o emprego para ir morar com a mãe, recebera desta, dois dias antes de seu aniversário, uma carta. Enquanto estava lendo a carta, ela e as crianças com quem estava brincando esqueceram um pudim no forno. De repente foi surpreendida pelo cheiro do pudim que estava começando a queimar.

A cada resposta, mais uma pergunta, até que Lucy relatou que se sentiu uma traidora, porque estava rompendo a promessa que tinha feito à mãe das crianças no leito de morte: encarregar-se de tomar conta de suas filhas. Porém, era impossível cumprir essa promessa, porque os outros empregados tramavam uma intriga contra ela.

Depois de uma série de perguntas e respostas, Freud se interrogou por que o conflito entre a promessa e a ruptura da promessa só adquiriu valor de trauma, fazendo com que a sensação olfativa fosse isolada da cena, tornando-se o símbolo do trauma, no momento em que recebera a carta de sua mãe. E mais: por que a lembrança da cena foi substituída pela lembrança do cheiro de pudim queimado? Freud concluiu que Lucy desejava ir embora da casa em que trabalhava porque estava apaixonada pelo patrão, alimentando a secreta esperança de vir a ocupar o lugar de mãe das crianças. Freud comunicou-lhe essa interpretação, sob a forma de pergunta, e ela lhe respondeu, com seu habitual estilo lacônico: "Sim, acho que isso é verdade." Aqui vale a pena reproduzir o diálogo entre eles: "Mas, se você sabia que amava seu patrão, por que não me disse?". Ela: "Não sabia, ou melhor, não queria saber. Queria tirar isso de minha cabeça e não pensar mais no assunto, e creio que ultimamente tenho conseguido."

O fim do tratamento foi marcado pelo desaparecimento dos sintomas, em função de a paciente integrar em sua fala, isto é, tornar consciente, o que não queria saber. O inconsciente é um saber que opera produzindo efeitos no sujeito. O recalque, mecanismo que desempenha um papel fundamental nas neuroses, é um "não querer saber nada disso". O sintoma neurótico é uma forma de satisfazer uma determinada exigência pulsional, sexual, que não encontrou caminho para a consciência e se presentifica de modo deformado.

Esses casos, assim como os de Katharina e de Elisabeth, ilustram não só a prática clínica de Freud antes de 1900, mas também sua trajetória com Breuer, culminando com o trabalho, escrito em parceria, intitulado *Sobre o mecanismo psíquico dos fenômenos histéricos: comunicação preliminar*. Nele, afirmam que a lembrança sem afeto e sem expressão verbal não produz nenhum resultado. É a importância dada à palavra pelo método catártico que faz com que este seja considerado o método precursor da psicanálise.

Em 1891 nasceu seu filho Oliver, nome que homenageava um de seus heróis da juventude, que vivera de 1599 a 1658: o escritor Oliver Cromwell, defensor do liberalismo, havia liderado a oposição ao despotismo real, derrubara o rei Carlos I, escocês descendente da linhagem dos Stuart, e proclamara a República, permitindo que os judeus exilados voltassem para a Inglaterra. De Cromwell, Freud citou certa vez uma passagem que considerava como uma verdadeira bússola para a condução das análises de seus pacientes: nós nunca vamos tão longe do que quando não sabemos aonde vamos.

Nos anos seguintes, nasceram os filhos Ernst e Sophie. O nome Ernst foi escolhido para homenagear seu antigo professor de zoologia e primeiro orientador de pesquisa, Ernst Wilhelm von Brücke. Já Sophie era uma reverência a Sophie Schwab, sobrinha do seu ex-professor de hebraico, Emil Hammerschlag. Em 1895 nasceu Anna, e mais um tributo foi feito na escolha do nome: à irmã de Freud, Anna Bernays. Anna Freud seria o único de seus filhos a se tornar psicanalista e a se irmanar à causa da psicanálise.

Foi também nesse ano que começaram os conflitos que levariam à ruptura com Breuer. Freud explicitou, publicamente, sua discordância com o método catártico de Breuer e escandalizou a sociedade médica vienense com sua conferência sobre a etiologia sexual da histeria. A partir daí, os próximos passos seriam: a descoberta do complexo de Édipo em 1897; o início da redação de *A psicopatologia da vida cotidiana* em 1898; as publicações de "O mecanismo psíquico do esquecimento" em 1898, *A interpretação dos sonhos* em 1899 e *Três ensaios sobre a teoria da sexualidade* em 1905.

Do método catártico ao da associação livre, Freud descobre uma Outra Cena para além da consciência, que é o inconsciente. O método da associação livre consiste em convocar o analisando a falar o que sente e o que pensa, sem interferência de qualquer processo de escolha ou de julgamento moral.

A aplicação desse método levou Freud a duas descobertas importantes: a transferência e a resistência. A transferência, ao mesmo tempo em que constitui a mola propulsora da análise, pode se tornar uma resistência a ela. Em 1912, no artigo sobre técnica intitulado "A dinâmica da transferência", a resistência é definida como a interrupção da associação livre do paciente. De repente, alguma coisa acontece e este fica em silêncio, sofrendo uma espécie de bloqueio: esquece o que ia dizer e, mesmo se esforçando, não consegue se lembrar. Nesse exato momento, a transferência, que faz com que o paciente insista no tratamento, comparece como resistência, porque o paciente está dominado por uma associação que se relaciona diretamente com a pessoa do analista. Afetos, impulsos eróticos e desejos infantis recalcados entram em cena e se deslocam para o analista, produzindo um fechamento do inconsciente. A transferência é a abertura do inconsciente, ao qual só se tem acesso através dela, mas pode se tornar igualmente um obstáculo para chegar até ele.

É preciso lembrar que Freud nos adverte de que o tratamento psicanalítico não dá origem ao amor do analisando pelo psicanalista. A posição de um sujeito em relação ao objeto amado, o modo pelo qual ele ama, é constituído por uma história singular numa determinada estrutura familiar, que se inscreve como uma matriz psíquica. Em uma análise, simplesmente o sujeito lança mão dessa sua forma de amar, reproduzindo sua sintomática neurótica com o analista. Repetir em ato em vez de falar, ou seja, esquecer em vez de recordar, é a forma pela qual o amor de transferência comparece sob a forma de resistência. Por conseguinte, é da intervenção do analista que depende a retomada da rememoração. É preciso que o recalcado se desligue da pessoa do analista para que possa se revelar na fala. Disto, ensina Freud, depende o sucesso do tratamento psicanalítico.

As dissidências

No décimo número do primeiro volume da *Revista Central de Psicanálise* (*Zentralblatt für Psychoanalyse*), de julho de 1911, apareceu uma notificação na folha de rosto avisando que, por motivo de divergências científicas, o Dr. Alfred Adler decidira se afastar da direção do periódico. Em seguida, ele fundou a Sociedade de Psicanálise Livre e intitulou sua teoria de "psicologia individual", que, a partir de 1926, se difundiria nos Estados Unidos.

Segundo essa teoria, a necessidade de auto-afirmação do homem o leva à vontade de poder. O *protesto masculino*, via pela qual essa necessidade se manifesta, desempenha um papel essencial na formação do caráter, das neuroses e no comportamento. A noção de diferença sexual, que sustenta o protesto masculino, não só se baseia em critérios biológicos e sociais, como também ignora a descoberta freudiana da sexualidade infantil. Em primeiro lugar, para Freud, tanto o menino quanto a menina engendram a fantasia de que têm o mesmo órgão genital, isto é, o pênis. Em segundo lugar, o protesto masculino não é uma lei universal e depende das coerções das atividades sexuais na infância. Freud inclusive afirma que, em algumas mulheres, não encontramos o desejo de ser homem como fator desencadeador da neurose.

A teoria da psicologia individual tornou sem efeito a pedra angular da psicanálise, retirando toda a importância que a sexualidade desempenha no aparelho psíquico. Adler também declarou várias vezes que o fato de uma idéia ser consciente ou inconsciente não tem a mínima importância no tratamento terapêutico. De uma só tacada, jogava por terra o mecanismo responsável pela neurose — o recalque.

Em 1906, quando Freud tomou conhecimento dos estudos sobre a esquizofrenia de Carl Gustav Jung, médico da Escola de Psiquiatria de Zurique e aluno de Eugen Bleuler, elegeu-o como um de seus amigos prediletos, iniciando uma longa correspondência. Declarou inclusive que escolhera Jung para continuar sua tarefa de transmissão e de divulgação da psicanálise. Podemos conjeturar, então, a decepção de Freud quando se deu conta anos depois de que Jung trilhava caminhos que iam contra a psicanálise.

Freud se refere a Jung, principalmente, em dois textos: "Sobre o narcisismo: uma introdução" e "A história do movimento psicanalítico". Neles afirma que as modificações que Jung propõe à psicanálise retiram a importância dos complexos familiares e eliminam, tal como Adler, a libido sexual. Jung cria uma teoria ético-religiosa que tem como fundamento a noção de um pai interior, a que todo homem deve renunciar em prol da civilização e de sua liberdade. Assim, em lugar de um conflito entre as tendências eróticas (as pulsões) e o eu (ou ego), temos a luta entre duas forças: as tarefas da vida, que correspondem ao trabalho de viver, e a inércia psíquica, que é a característica universal de toda matéria animada e inanimada. A origem das neuroses está na inércia psíquica, da qual resulta o sentimento de culpa. Este se caracteriza pela auto-recriminação, quando o homem não consegue realizar o seu trabalho de viver. O tratamento terapêutico se centra não na reconstituição de uma história, mas no conflito do presente, enfatizando as dificuldades de realizar as tarefas da vida. Freud cita o depoimento de um paciente sobre essa terapia, no qual relata que todas as suas dificuldades eram interpretadas como símbolos libidinais. Recebia então ensinamentos morais que passou a seguir fielmente. Mas isso se tornou muito incômodo, porque começou a ter que cumprir uma série de exigências para que sua neurose fosse dominada: concentração interior através da introversão, meditação religiosa, nova vida amorosa, entre outras. Ele confessa que essas novas obrigações exigiam uma mudança tão radical em sua vida subjetiva que acabou largando o tratamento como um pobre pecador com intensos sentimentos de arrependimento. Enfim, Freud constata com certa amargura que as contribuições à psicanálise, de que os suíços tanto se orgulharam, mais uma vez colocavam em segundo plano o fator sexual na teoria psicanalítica. Freud defendia com rigor a sua descoberta e não se esquivava de fazer uma crítica radical quando necessário: "Jung nos oferece um equivalente da famosa faca de Lichtenberg. Mudou o cabo e botou uma lâmina nova, e porque gravou nela o mesmo nome espera que seja considerada como o instrumento original."

Adler e Jung, por caminhos diversos, se afastaram da psicanálise, cada um a seu modo, negando ou colocando em segundo plano os alicerces sobre os quais se fundava a descoberta revolucionária de Freud: o inconsciente desconhece a vontade de não querer saber do eu, porque o que é retirado da consciência pelo mecanismo do recalque retorna sob a forma disfarçada do sintoma. A pulsão insiste em buscar satisfação, ainda que ao preço do sofrimento causado pelo sintoma. Toda uma concepção da experiência analítica é alicerçada, para Freud, na percepção, indispensável ao psicanalista, de que *o inconsciente não resiste, ele insiste em se manifestar.* Quanto à resistência, ela provém do eu e de seus mecanismos de defesa.

O destino de Édipo e o nosso

É preciso estabelecer uma distinção entre as versões míticas sobre Édipo e o complexo de Édipo teorizado por Freud. As versões mais antigas da lenda se referem a Édipo, pertencente à família dos Labdácidas, que reinou durante muito tempo em Tebas. A origem da maldição dos Labdácidas se liga a um episódio na corte do rei Pélops. Laio, na época em que é hospedado por esse rei, apaixona-se por seu filho, o jovem Crisipo, que acaba se matando. Apolo, o oráculo de Delfos, indignado com Laio, lança-lhe a seguinte maldição: se Laio tiver um filho, este irá matá-lo e causar a ruína dos Labdácidas. Laio se casa com Jocasta e eles têm um filho, Édipo. Para se livrar do rebento, ordena que furem seus pés com um gancho e os amarrem com uma correia, abandonando-o depois no monte Citerão. Enfim, na maioria das versões Édipo acaba sendo adotado pelos reis de Corinto: Políbo e Mérope.

As primeiras fontes sobre Édipo podem ser encontradas em Homero, já que os poemas épicos do ciclo tebano estão desaparecidos até hoje. Assim, para se conhecer o mito é preciso recorrer aos textos que chegaram até nós. Entre eles se destacam: as tragédias *Édipo rei*, *Édipo em Colono* e *Antígona* de Sófocles, *Sete contra Tebas* de Ésquilo, *Fenícias* de Eurípides; e principalmente os textos dos poetas Píndaro e Pausânias, do filósofo Apolodoro e do historiador Heródoto.

Freud privilegia a versão trágica de Sófocles. Esta não se refere aos motivos que deram origem à maldição do filho de Laio. Ésquilo se refere genericamente à falta antiga de Laio e Eurípides a explicita. Outra distinção é que, antes de Sófocles, os pés inchados não são usados para o reconhecimento do filho de Laio e Jocasta.

Em síntese, na versão de Sófocles, Édipo também é criado pelos reis de Corinto. Depois de adulto, num banquete, um dos convidados já bêbado se refere a ele como filho adotivo. Édipo, inconformado, decide ir a Delfos consultar a sacerdotisa de Apolo para saber a verdade sobre sua origem. A Pítia, em vez de responder, expulsa Édipo do templo, dizendo que seu destino é matar o pai e se unir com a mãe. Aterrorizado, resolve fugir para algum outro lugar, evitando assim a realização da terrível profecia. Na encruzilhada entre Delfos e Dáulis, encontra uma carruagem que conduzia Laio e sua comitiva. O cocheiro e o próprio rei exigem que Édipo saia do caminho. Édipo, enfurecido, mata

Laio e sua comitiva, salvando-se apenas um escravo que consegue fugir.

A fuga de Édipo o leva a encontrar seu destino. Sem saber que uma parte da profecia estava cumprida, Édipo continua sua fuga e acaba se dirigindo a Tebas, que está sendo assolada por um flagelo. Nas portas da cidade havia uma Esfinge, que devorava todos que não decifrassem seu enigma: "Qual o animal que, possuindo voz, anda pela manhã em quatro pés, ao meio-dia com dois e à tarde com três?" Édipo responde que é o homem e a Esfinge se precipita no abismo. Observe-se que o nome de Édipo, *Oidípous*, significa em grego "pés inchados". E, pela homofonia, significa igualmente *Oi-dîpous*, isto é, bípede: Édipo tinha em seu próprio nome a resposta para o enigma colocado pela Esfinge.

Creonte, irmão de Jocasta, a viúva de Laio, assumira o poder, uma vez que a cidade não podia ser governada por uma mulher. Porém, agora, os tebanos exigem que o herói, que os livrou da Esfinge, se case com a rainha e se torne o governante. Assim é feito. Édipo e Jocasta se casam e têm quatro filhos: Eteócles, Polinice, Antígona e Ismene.

Mais uma vez, a cidade dos Labdácidas é assolada pelo flagelo. Agora é a peste. Édipo, resolvido a salvar Tebas, manda chamar Tirésias, o cego que tinha o poder da adivinhação. Depois de muita relutância, Tirésias revela toda a verdade. Mas Édipo não se convence e manda buscar o escravo que tinha se salvado do massacre da encruzilhada. Ainda assim continua resistindo a reconhecer que é filho de Laio. Então Tirésias menciona a deformação dos pés, convencendo não só Édipo, mas também Jocasta. Esta se enforca. Édipo, desesperado, corre para dentro do palácio e arranca das vestes do corpo morto de sua mãe e esposa alfinetes de ouro com os quais fura os próprios olhos.

Freud atribuía o interesse duradouro por essa tragédia ao fato de encenar a compulsão de cada um, que, um dia, já foi um Édipo em potencial na fantasia: "O destino do rei Édipo nos comove apenas porque poderia ter sido o nosso, porque o oráculo lançou sobre nós, antes de nascermos, a mesma maldição que caiu sobre ele." Não há dúvida de que a descoberta do complexo de Édipo é resultado da identificação de Freud com a versão trágica de Sófocles. Dessa identificação, temos o testemunho do próprio Freud, quando escreve, em 15 de outubro de 1897, uma carta a Fliess dizendo que descobriu em si mesmo o fenômeno de se apaixonar pela mãe e ter ciúmes do pai.

Ainda que a expressão *complexo de Édipo* só apareça nos textos freudianos depois de 1910, a sistematização e o desenvolvimento progressivo desse conceito acompanham toda a sua obra, quer de forma implícita, quer de forma explícita. Conseqüentemente, não encontramos um artigo dedicado à apresentação da teoria edipiana.

Na vigésima primeira das *Conferências introdutórias sobre a psicanálise*, intitulada "O desenvolvimento da libido e as organizações sexuais", o complexo de Édipo no menino é definido pela escolha da mãe como o primeiro objeto de amor, o que faz com que o pai seja considerado um estorvo, desencadeando assim o ódio e o desejo inconsciente de morte do pai. No caso da menina, retornaremos a isto adiante, a mãe como primeiro objeto de amor é substituída pelo amor ao pai, fazendo com que o ódio e o desejo inconscientes de eliminar o rival sejam deslocados para a mãe. Nesse texto, Freud afirma categoricamente não haver dúvida de que o complexo de Édipo é uma das mais importantes fontes do sentimento de culpa.

A organização sexual infantil se divide essencialmente em duas fases: uma primitiva ou pré-edipiana e outra fálica ou edipiana. A passagem da fase mais primitiva para a fase fálica se marca por dois acontecimentos: a ruptura da relação dual entre mãe e filho e a descoberta da diferença sexual. A primeira, que começa nos primeiros anos de vida e se estende, aproximadamente, até os dois anos, é marcada pela relação dual entre mãe e filho. A segunda, que se situa no período que vai, aproximadamente, dos três aos quatro ou cinco anos, podendo começar antes dos três anos e se estender até os seis anos, caracteriza-se pela intervenção da figura do pai, cuja função é introduzir a lei que interdita o primeiro objeto de amor. Esta fase é subdividida em dois momentos.

Inicialmente, há o interesse precoce da criança pelos órgãos genitais. Aqui, a diferença sexual não conta, porque a criança fabrica a fantasia de que todos os seres humanos têm o mesmo genital: o órgão sexual masculino. Depois, vem o período em que ela se depara com a diferença entre os sexos: tanto ela quanto os adultos se dividem entre aqueles que têm pênis e aqueles que não têm. Dessa constatação advêm fantasias: ameaça de perder o pênis para os meninos e esperança de vir a tê-lo para as meninas. Freud afirma que essa fantasia tem a função de reparar a decepção de um descobrimento: existem seres humanos desprovidos de uma parte preciosa. O desmoronamento da prevalência do órgão sexual masculino inaugura o complexo de castração. Dessa forma, o complexo de castração se apresenta indissociável do complexo de Édipo.

São dignas de nota algumas observações feitas por Freud em relação ao complexo de castração: quaisquer ameaças que tenham sido feitas anteriormente só adquirem um papel decisivo na estruturação da subjetividade quando se inscrevem no complexo de castração. A partir daí, essas ameaças orientam a identificação com um dos sexos, as preferências sexuais e a escolha do objeto de amor.

Ao dialogar com a biologia de sua época, Freud não só considera que a bissexualidade é uma disposição inata dos seres humanos, mas também que a diferença sexual não se sustenta na distinção anatômica dos corpos. Apesar de a escolha do sexo só transparecer nitidamente na puberdade, é durante os complexos de Édipo e de castração que se estruturam as identificações determinantes das escolhas do sexo e do objeto.

É necessário apontar algumas diferenças entre o menino e a menina na fase fálica. No menino, o drama edípico se articula com a entrada no complexo de castração: "Se alguns têm pênis e outros não, logo eu que tenho, posso perdê-lo." Aqui, entra em cena a função do pai que é interditar a mãe. Essa proibição, núcleo do sentimento de culpa, conduz o menino à renúncia da mãe e à identificação com o pai. Logo, identificação viril — que se realiza pela internalização do pai como ideal do eu — e substituição da mãe pelas mulheres resultam na resolução do complexo de Édipo e na saída encontrada para o complexo de castração.

A descoberta da diferença sexual pela visão dos órgãos genitais e a fantasia de castração impõem a resolução do complexo de Édipo, promovendo, dessa forma, a constituição do supereu (instância moral) e de todos os mecanismos que têm a função de inserir o indivíduo na cultura, humanizando-o. Supereu, ou superego, deve ser entendido como sendo a interiorização do agente paterno enquanto sinônimo de interdição do incesto.

Em relação à menina, a resolução do drama edípico se efetua não pela saída encontrada pelo menino para o complexo de castração, mas com o fato de se deparar com sua própria condição anatômica, experimentada como castração: "Nunca tive pênis, logo nunca poderei vir a tê-lo." Isto implica uma dupla renúncia: ao pênis e à fantasia erótica de ter um filho com o pai.

Se, na fase pré-edipiana, a mãe é o objeto de amor e de fantasias eróticas tanto para o menino como para menina, na fase edipiana a criança dirige seu amor e seus desejos eróticos ao genitor do sexo oposto. Quanto ao genitor do mesmo sexo, vimos que ele, ao se apresentar como rival, torna-se, então, alvo de sentimentos hostis e agressivos, tais como o ódio e o ciúme.

No caso da menina, ao contrário do menino, a entrada no complexo edípico exige a separação e a substituição objetal. Conseqüentemente, a ruptura da relação dual com a mãe, marcada pela entrada do pai, implica uma mudança de papéis: a mãe como agente do primeiro amor se transforma em rival para dar lugar ao amor pelo pai. Assim, o declínio do complexo de Édipo, assinalando a entrada no complexo de castração, faz com que a menina tenha que operar uma dupla substituição: o amor pela mãe se desloca para o pai, a fim de que a fantasia de ter um filho do pai possa ser substituída pela fantasia de ter um filho com o homem amado. Em "A sexualidade feminina", Freud formula que, nas mulheres, o complexo de Édipo constitui o resultado final de um desenvolvimento bastante demorado.

Complexo de Édipo, complexo de castração, declínio do complexo de Édipo como solução diante da ameaça de castração, formação do supereu e período de latência da sexualidade até a puberdade — todos esses fatores caracterizam as etapas que organizam a sexualidade humana. Em 1924, em "A dissolução do complexo de Édipo", Freud faz questão de frisar que essa ordem cronológica não só admite variações, como também outras possibilidades de vinculação dos eventos com as fases.

É na relação recíproca dos complexos de Édipo e de castração que se encontram as fixações e os recalcamentos que dão origem à neurose e às perversões. É importante ainda acrescentar que o complexo de Édipo ultrapassa o mito individual de cada um. Em *Totem e tabu*, Freud recorre ao mito do assassinato do pai para ilustrar o acontecimento que funda as primeiras organizações sociais e a religião. Essa hipótese se baseava nas teses de Charles Darwin, que, observando algumas espécies de símios, estabeleceu um paralelo entre o comportamento dos macacos e do homem primitivo: ambos vivem em grupos ou hordas, dominados por um macho mais velho e mais forte, cujo ciúme impede que outros machos tenham relações sexuais com suas fêmeas. Quando os machos crescem e viram adultos, há uma disputa pelo domínio e o mais forte, matando ou expulsando os outros machos, torna-se o chefe da comunidade com direito exclusivo às fêmeas de seu grupo.

Freud conclui que, com o surgimento do totemismo, há uma transformação nas regras que sustentam a constituição dos grupos tribais, inaugurando, assim, a interdição do incesto. Mas o que é um totem? Geralmente, um animal, que pode ser inofensivo, perigoso ou temido; mais raramente um vegetal ou fenômeno natural, como a chuva ou a água, é escolhido como objeto sagrado, agrupando os integrantes de um clã. Proibições, cuja violação é castigada de forma severa, festejos e adorações se organizam em torno do totem escolhido. Entre todas as proibições, a que mais se sobressai é a proibição de relação sexuais com pessoas vinculadas ao mesmo totem. Assim, o papel do totem nas tribos primitivas é o mesmo desempenhado pelo pai nos complexos de Édipo e de castração: inimigo temível dos interesses sexuais. O castigo infligido àqueles que violam os tabus ligados ao totem nas sociedades primitivas tem a mesma função que a ameaça da castração nas sociedades civilizadas. Daí a cegueira de Édipo ser interpretada por Freud como o castigo que o herói inflige a si mesmo por ter cometido o parricídio e o incesto.

A passagem do estado natural do homem primevo para o social tem origem na lei da interdição do incesto. É nessa lei de estatuto universal que devemos encontrar a origem da ambivalência dos afetos (amor/ódio) e do sentimento de culpa. As duas proibições que constituem o âmago do tabu nas tribos primitivas são: não matar o totem e não ter relações sexuais com os indivíduos que pertencem ao mesmo totem. Se considerarmos que o animal totêmico é o pai, essas duas proibições correspondem aos dois crimes de Édipo e aos desejos primários das crianças em relação aos pais.

Assim, reconstruindo uma etapa da história da humanidade, Freud estabelece a hipótese de que o sentimento de culpa, a religião e a moral originam-se da conexão do complexo de Édipo com o assassinato do pai nas tribos primitivas.

A virada de 1920

Freud solapou dois grandes mitos que sustentavam crenças populares e teorias científicas: a sexualidade não está a serviço da reprodução, estando presente nas crianças desde a mais tenra idade. Antes de Freud, o sexual, além de ser reduzido aos órgãos genitais, ao gozo no ato sexual e à função reprodutora, era considerado na cultura ocidental como indecoroso e secreto. Para exemplificar a confusão que não deve ser feita entre o sexual e a reprodução da espécie, Freud menciona o beijo — onde as zonas erógenas são orais e não genitais — e a atividade masturbatória — onipresente nas crianças.

Cabe, então, a pergunta: o que a partir de Freud deve ser considerado como sexual? Toda e qualquer atividade humana é sexual. Libido é a energia sexual, a força da pulsão sexual. E pulsão é o que se situa na fronteira entre o psíquico (mental) e o somático (corpo). Nesse sentido, a libido se manifesta nos seres humanos pela via pulsional. Ou, dito de outra forma, a pulsão é o representante psíquico dos estímulos internos, oriundos dessa energia sexual.

A pulsão não é o instinto, que obedece a ciclos periódicos e tem objetos específicos. A pulsão apresenta quatro termos em sua estrutura: força (ou pressão, ou ainda impulso), fonte, objeto e alvo. Trata-se de quatro termos disjuntos, como Lacan o lembra em sua "desmontagem da pulsão". A *pressão*, uma *força constante* que se impõe incessantemente ao aparelho psíquico, é uma pura e simples tendência à descarga de uma excitação interna. Essa força da pulsão é aquilo que Freud denominou de libido, sua energia. Lacan situou essa força constante como uma "tensão estacionária" e afirmou: "Ela não tem dia nem noite, não tem primavera nem outono, não tem subida nem descida."

A *fonte* tem uma estrutura de borda, por isso fala-se de uma zona erógena oral ligada à boca, mas não ao esôfago ou ao estômago. É numa borda orificial que se definem a fonte e a partida de uma certa pulsão. A fonte se caracteriza pela quantidade de excitações, que provém do interior do corpo (e não do exterior, como no caso dos estímulos instintuais). O *alvo*, sempre imutável, é a satisfação, denominada de *gozo* por Lacan. Mas a satisfação pode ser atingida, ainda que a pulsão esteja inibida quanto a seu alvo. A satisfação da pulsão é sempre parcial, pois, como postulou Freud, "algo na própria natureza da pulsão é desfavorável à realização da satisfação completa".

O *objeto* é a via utilizada para que a pulsão tinja seu alvo, a satisfação. Ele é o que há de mais variável na pulsão, pode ser qualquer um. Lacan nomeia esse objeto da pulsão "totalmente indiferente" de objeto *a*, objeto que não existe enquanto tal e pode ser representado por todo e qualquer objeto. O objeto *a* é um cavo, um vazio, em torno do qual a pulsão faz seu circuito. Ele é o que Freud chamou de *objeto perdido* desde sempre. Logo, qualquer objeto pode vir a ser tomado como objeto de uma pulsão, desde que torne possível a realização da satisfação. Além disso, os objetos se modificam no decorrer das vicissitudes que as pulsões sofrem durante a existência de um sujeito.

A transformação do objeto a serviço do alvo das pulsões e as exigências para a realização do alvo são exaustivamente dissecadas por Freud para demonstrar a desvinculação absoluta, em nossa espécie, entre o sexual e a reprodução: a substituição dos órgãos genitais por uma parte do corpo, como a vulva pela boca ou pelo ânus. Os genitais como objetos sexuais sem a realização da cópula, nas funções excretórias. O genital sendo substituído por uma infinidade de objetos: seio, pé, trança de cabelos, sapato, peça de roupa íntima etc. O gozo sexual condicionado aos prazeres preliminares: olhar, apalpar, espiar e exibir os genitais. Os sádicos, cujo gozo sexual exige o sofrimento, o tormento, a humilhação e até violências que causam graves lesões corporais. Os masoquistas, que associam o gozo ao sofrimento de maus tratos, mortificação e agressões corporais.

Até 1920, Freud de certa forma elaborara uma teoria hedonista, em que a dicotomia prazer/desprazer, regulada pelos princípios de prazer e de realidade, rege o funcionamento do aparelho psíquico. Aqui, predominava o ponto de vista econômico: o aumento e acúmulo da quantidade de excitação provocam desprazer, assim como sua diminuição promove o prazer.

Desde 1905, algumas questões vinham preocupando Freud: o sadismo, o masoquismo e a universalidade do sentimento de culpa. Deveria haver alguma coisa que induziria o sujeito a repetir de modo compulsivo experiências que escapam às leis dos princípios de prazer e de realidade. Em 1919, num magnífico ensaio sobre "O estranho", Freud prefigura aquilo que um ano depois — quando começa a elaborar a *segunda tópica* sobre o aparelho psíquico — será nomeado: a pulsão de morte. As observações das brincadeiras infantis, do comportamento dos pacientes na transferência, dos pesadelos nas neuroses traumáticas e, finalmente, as histórias da vida de homens e mulheres levaram-no a ter "coragem" de supor que existe alguma coisa vinculada à compulsão de repetição, que sobrepuja o princípio de prazer, fazendo com que o sujeito seja arrastado por uma espécie de força demoníaca. Trata-se da pulsão de morte.

O ano de 1920 representa uma virada em sua trajetória. Até então, o aparelho psíquico era constituído por três instâncias: inconsciente, pré-consciente e consciente. Essa concepção, que ficou conhecida como *primeira tópica*, seria substituída pelas instâncias da segunda tópica: isso, eu e supereu (ou id, ego e superego). Assim, a elaboração da segunda tópica e a descoberta da pulsão de morte acontecem concomitantemente. Para desenvolver o conceito de pulsão de morte, Freud recorreu à biologia: tudo o que vive tende por razões internas a morrer, tende a retornar ao estado inorgânico. Se o objetivo de toda a vida é a morte, logo a pulsão de morte está na origem nas pulsões sexuais e é a mais importante de todas, principalmente no que diz respeito às transformações do objeto e ao alvo das pulsões sexuais.

A antítese entre vida e morte, que está na origem de tudo o que é vivo, levou Freud a repensar o que já tinha sido nomeado como ambivalência dos afetos. A existência humana é tecida de ponta a ponta por paradoxos. A oposição entre ternura (amor) e agressividade (ódio) é regida por uma força maior: a pulsão de morte. Esta passa, então, a ser identificada com a destruição e a agressividade. Mas as pulsões de vida (que são constituídas, no fundo, pelas pulsões sexuais) e a pulsão de morte comparecem sempre fusionadas de modo a que não se perceba a presença, silenciosa, da segunda, subjacente aos processos ruidosos das primeiras. Nos processos altamente patológicos, ambas as pulsões sofrem o que Freud qualifica de *desfusão* pulsional e temos, então, a pulsão de morte funcionando isoladamente.

A morte no exílio

Quatro meses depois de Hitler ser nomeado chanceler da Alemanha, os livros de Freud foram queimados em praças públicas e centros universitários. Com a magnífica verve de sempre, Freud afirmou sua surpresa diante de tamanha evolução da humanidade, pois na Idade Média seria *ele* quem seria queimado vivo!

No verão de 1923, a descoberta de um tumor maligno do lado direito do palato desencadeara uma seqüência de nada menos que 31 cirurgias. As seqüelas deixadas por tantas operações e a idade avançada contribuíram para um estado precário de saúde, levando Freud a ignorar a insistência dos amigos para que deixasse Viena. Logo depois da chegada triunfal de Hitler a Viena, o escritório da editora Verlag (fundada em 1918) e o apartamento de Freud foram invadidos pelos membros de tropas paramilitares e camisas-pardas. Prenderam Martin Freud, que só seria libertado à noite. Revistaram os arquivos da editora, mas não encontraram nenhuma prova comprometedora. No apartamento, obrigaram Anna Freud a abrir o cofre e levaram todo o dinheiro. Felizmente não acharam o testamento de Freud, que revelaria a existência de dinheiro no exterior. Essa situação dramática chegou ao clímax em 22 de março de 1938, quando Anna foi presa. Schur afirmou que esta foi a única vez em que viu Freud muito preocupado, fumando sem parar e andando de um lado para outro. Às dezenove horas, Anna retornou contando que a Gestapo queria informações sobre a Associação Psicanalítica Internacional e que conseguira convencer os nazistas de que era uma entidade exclusivamente científica.

Freud resolveu deixar a Áustria e começou a luta com a burocracia. Sem dinheiro em espécie e com a conta bancária confiscada, não poderia atender às exigências das autoridades nazistas. Além do imposto que deveria ser pago pelos judeus para receberem o visto de saída da Áustria, cobraram as despesas de correio para trazer de volta as obras de Freud, que tinham sido enviadas para a Suíça por seu filho Jean Martin. Marie Bonaparte, que já ficara junto à família Freud durante o mês de março e início de abril, voltou a Viena, ainda em abril, e pagou todas as despesas. Jean Martin diz numa carta que as últimas tristes semanas em Viena teriam sido insuportáveis sem a presença da princesa.

Com as relações da princesa e o prestígio de Ernest Jones junto ao ministério inglês iniciou-se um movimento de apoio internacional a Freud, desencadeando uma série de adesões. O psiquiatra Ludwig Binswanger mandou uma carta convidando Freud a ir para a Suíça. William Bullitt, embaixador americano na França, pediu ao cônsul-geral americano em Viena, John Cooper Wiley, que fora nomeado por ele, para visitar Freud em sua residência. O embaixador americano em Berlim, Hugh Robert Wilson, informou às autoridades alemãs que tinha instruções do presidente Franklin Roosevelt para que a família Freud viajasse para Paris.

Nem assim a ferocidade de alguns nazistas foi aplacada. Himmler insistiu em que a psicanálise era uma ciência judaica e que, portanto, Freud e os membros de seu grupo deveriam ser presos. Entretanto, Hermann Göring, apoiado pelo Ministério do Exterior, ordenou prudência. Nesse caso, venceu a diplomacia e, em 5 de maio, Minna Bernays, cunhada de Freud, era o primeiro membro da família a deixar Viena. Os filhos partiram em seguida: Martin, nove dias depois, Mathilde Hollitscher e o marido Robert Hollitscher, daí a dez dias. Finalmente, em 2 de junho de 1938, partiram Freud, Martha e Anna, chegando a Paris em 4 de junho. Calorosamente acolhidos pela imprensa e pelos intelectuais, hospedaram-se na casa da princesa. Freud não sabia que suas quatro irmãs seriam assassinadas pelos nazistas em campos de concentração. Antes de partir, foi obrigado a assinar uma declaração que afirmava que as autoridades alemãs e a Gestapo em particular não lhe teriam causado nenhum problema. Freud assinou a declaração sem hesitar e pediu para acrescentar uma observação: "recomendo a Gestapo para todos".

Finalmente, em 6 de junho, chegou à Inglaterra e se instalou numa casa alugada, no nordeste de Londres, perto do Regent's Park. Em setembro, mudaram-se para uma casa com um belo jardim, na rua Maresfield Gardens 20, em Hampstead, que o filho arquiteto, Ernst, reformara, tomando como modelo o apartamento de Viena, na Berggässe 19 (que virou um museu dedicado a Freud). Anna continuou morando nessa casa até sua morte em 1982, quando a residência londrina dos Freud se transformou no Freud Museum.

Segundo Anna, Freud passou os últimos dias em seu gabinete, olhando para o jardim. Numa belíssima entrevista ao jornalista George Sylvester Viereck em 1926, ele já dissera que não era infeliz, não enquanto tivesse seus filhos, sua mulher, suas flores e seus cães. O câncer em estado muito avançado provocava dores muito fortes, mas Freud se recusava a tomar analgésicos e não abandonara o hábito da leitura. Quando terminou de ler *La peau de chagrin*, último livro de Balzac, disse para seu médico que tinha lido o livro certo, porque "fala de definhamento e de morte por inanição".

Em 21 de setembro de 1939, Freud disse a Schur: "Você se lembra de nosso acordo de não me deixar quando tiver chegado a hora? Agora, é só uma tortura e não faz sentido." Pediu, então, que falasse com Anna, sua Antígona, como a chamava. Ela hesitou, pediu um adiamento. Schur argumentou que não tinha sentido manter seu pai vivo naquelas condições. Ela cedeu e Schur aplicou uma dose de morfina que mergulhou Freud num sono profundo. A dose era repetida quando se agitava. Nova dose foi aplicada no dia seguinte. Freud entrou em coma e morreu às três horas da manhã, em 23 de setembro de 1939, praticando o último ato de sua vida. Ato prefigurado na confidência feita por carta a um amigo, o pastor Oscar Pfister, em 6 de março de 1910: "Que se pode fazer num dia ou num tempo em que os pensamentos falham e as palavras não querem fluir? Não consigo livrar-me de um temor diante dessa possibilidade. Por isso, mesmo rendendo-me ao destino, como convém a uma pessoa honesta, tenho um desejo secreto: de modo algum uma enfermidade prolongada, nenhuma paralisia da capacidade produtiva por um sofrimento corporal. Morramos dentro da armadura, como diz o rei Macbeth."

Freud não queria deixar a cidade de Viena e só cedeu com o *Anschluss*, a anexação da Áustria pela Alemanha. O homem que trouxe à humanidade os elementos para que ela pudesse se conhecer morreu no exílio, longe de casa e de seu país natal. Foi acolhido em outra terra, por gente de outra língua, onde viveu apenas um ano, o tempo de morrer. Emblemática, a morte de Freud no exílio reflete a vida daquele que desbravou uma terra desconhecida para resgatar o eterno exilado: o sujeito do inconsciente. Mas sua obra continua viva e constitui até hoje aquilo que de melhor foi produzido pelo homem para compreender a si mesmo.

Cronologia

1856 Nascimento de Freud em 6 de maio, em Freiberg (Morávia, ex-Tchecoslováquia).

1859 Falência comercial do pai. Emigração da família para Leipzig (Alemanha). Primeira edição de *A origem das espécies*, de Charles Darwin.

1860 Mudança da família para Áustria e fixação de residência em Viena, no bairro Leopoldstadt. Efeitos da Revolução Industrial na Áustria: modernização e legislação progressista.

1865 Ingresso no Gymmasium para cursar seus estudos secundários.

1867 Eliminação das restrições civis aos judeus austríacos.

1872 Viagem à terra natal, Freiberg.

1873 Ingresso na universidade. Sexta-Feira Negra: a quebra de ações no mercado austríaco. Movimentos anti-semitas em Viena.

1876 Ingresso no laboratório de pesquisas de Brücke.

1877 Publicação do resultado de sua pesquisa no laboratório de Brücke sobre o sistema nervoso das lampreias.

1878 Início da amizade com Josef Breuer.

1880 Breuer inicia o tratamento de Anna O.

1881 Término do curso de medicina e permanência no laboratório de Brücke.

1882 Paixão por Martha Bernays. Saída do laboratório Brücke. Ingresso no setor de clínica geral no Hospital Geral de Viena.

1883 Transferência para o setor de psiquiatria no Hospital Geral de Viena.

1884 Publicação de *Über Coca*. Aclamação de Carl Koller em Nova York pela descoberta do uso anestésico da cocaína para cirurgia oftalmológica.

1885 Bolsa de estudos na Salpêtrière, em Paris. Encontro com Jean-Martin Charcot.

1886 Retorno a Viena. Ingresso no Departamento Neurológico do Instituto de Doenças Infantis. Abertura de sua clínica privada. Casamento com Martha. Início da tradução de dois livros de Charcot.

1887 O método catártico de Breuer. Construção da teoria do trauma. Início da amizade com Wilhelm Fliess. Nascimento da primeira filha, Mathilde.

1888 Utilização pela primeira vez do método catártico. Os casos de Emmy von N., Lucy R., Katharina e Elisabeth von R.

1889 Viagem a Nancy. Nascimento de Jean-Martin.

1891 Publicação do estudo sobre as afasias. Nascimento de Oliver.

1892 Publicação do artigo sobre "Um caso de cura pelo hipnotismo".

1893 Publicação de *Sobre o mecanismo psíquico dos fenômenos histéricos: comunicação preliminar*, escrito em parceria com Breuer. Falecimento de Charcot e publicação do necrológio em sua homenagem. Nascimento de Sophie.

1895 Nascimento de Anna.

1896 Publicação de "A etiologia da histeria". Discordância e afastamento de Breuer. Morte do pai.

1897 Descoberta do complexo de Édipo.

1898 Início da redação de *A psicopatologia da vida cotidiana*. Publicação de "O mecanismo psíquico do esquecimento".

1899 Publicação de *A interpretação dos sonhos* (*Die Traumdeutung*).

1900 Adoção do método de associação livre.

1901 Início dos conflitos com Fliess, que desencadearia o fim da amizade.

1902 Início dos encontros da Sociedade Psicológica das Quartas-Feiras.

1904 Término da correspondência com Fliess.

1905 Publicação de *Três ensaios sobre a teoria da sexualidade* e *Os chistes e suas relações com o inconsciente.* Início da amizade com Otto Rank.

1906 Início da amizade com Carl Gustav Jung.

1908 Fundação da Sociedade Psicanalítica de Viena.

1909 Conferências na Clark University, nos Estados Unidos: *Cinco lições de psicanálise.*

1910 Fundação da Associação Psicanalítica Internacional (IPA). Publicação das conferências na Clark University.

1913 Ruptura com Jung.

1914 Publicação de *Totem e tabu.*

1919 Fundação da editora Verlag. Instauração da República de Weimar. Fundação do Partido Nacional dos Trabalhadores Alemães, liderado por Hitler.

1920 Hiperinflação na Alemanha. Publicação de *Mais além do princípio de prazer.* Descoberta da pulsão de morte.

1923 Primeira cirurgia para combater um câncer do lado direito do palato. Criação da segunda tópica freudiana.

1929 Termina *Mal-estar na cultura.* Craque da bolsa de Nova York.

1930 Prêmio Goethe. Morte da mãe. A grande depressão econômica mundial.

1938 Ocupação da Áustria pela Alemanha. O exílio com a família na Inglaterra.

1939 Falecimento em 23 de setembro.

Referências e fontes

Além dos livros citados nas "Leituras recomendadas", amplamente consultados, utilizamos as seguintes obras:

- Sobre a história da psicanálise, consultamos o *Dicionário de psicanálise*, de Elisabeth Roudinesco e Michel Plon (Rio de Janeiro, Zahar, 1998).

- Para as pesquisas de Freud com a cocaína, recorremos a *Freud e a cocaína*, organizado por Robert Bick (Rio de Janeiro, Espaço e Tempo, 1989).

- No que diz respeito às viagens de Freud a Paris e aos Estados Unidos, à viagem interrompida a Roma e à última viagem rumo ao exílio em Londres, consultamos *Les Voyages de Freud*, organizado por Marlène Belilos (Nice, Z'éditions, 1996).

- Sobre o mito de Édipo, foram consultados o *Dicionário mítico-etimológico da mitologia grega*, de Junito de Souza Brandão (2 vols., Petrópolis, Vozes, 1997, 3ªed.) e o artigo "Édipo: o homem antitético", de Marco Antonio Coutinho Jorge, publicado no volume *Clínica e pesquisa em psicanálise*, organizado por Sonia Alberti e Luciano Elia (Rio de Janeiro, Rios Ambiciosos, 2000).

• Sobre a desmontagem da pulsão, consultamos, de Jacques Lacan, *O seminário*, livro 11, *Os quatro conceitos fundamentais da psicanálise* (Rio de Janeiro, Zahar, 1985, 2ªed. revista).

Leituras recomendadas

Sobre Freud

Indicamos abaixo obras em português disponíveis nas livrarias:

- Peter Gay. *Freud — uma vida para o nosso tempo* (São Paulo, Companhia das Letras, 1989). Ampla e riquíssima pesquisa que aborda o contexto em que nasceu a psicanálise, a história do movimento psicanalítico, os dramas existenciais da vida de Freud e as grandes dissidências.
- Octave Mannoni. *Freud — uma biografia ilustrada* (Rio de Janeiro, Zahar, 1994). Como tudo o que O. Mannoni escreveu, é uma obra magistral sobre a vida de Freud em sua relação com a psicanálise. As fotos fazem um rico painel da trajetória de Freud.
- Erik Porge. *Freud/Fliess — mito e quimera da auto-análise* (Rio de Janeiro, Zahar, 1998). A análise mais sucinta e aguda da complexa relação entre Freud e Fliess, sobre a qual existe uma vastíssima bibliografia.
- Marco Antonio Coutinho Jorge. *Fundamentos da psicanálise de Freud a Lacan — vol.1: As bases conceituais* (Rio de Janeiro, Zahar, 2000). Os conceitos fundamentais do inconsciente e da pulsão, bases da teoria psicanalítica, são dissecados em sua estrutura e em sua inter-relação.

- Betty Fuks. *Freud e a judeidade — a vocação do exílio* (Rio de Janeiro, Zahar, 2000). Uma original análise contemporânea das relações de Freud com sua condição judaica, e suas incidências na descoberta da psicanálise.

Textos de Freud

Todos os trabalhos citados se encontram na *Edição Standard das Obras Psicológicas Completas de Sigmund Freud*, publicados pela Imago Editora, Rio de Janeiro. Sugerimos aqui a leitura dos principais textos de Freud destinados à difusão do conjunto de sua obra:

- *A psicopatologia da vida cotidiana* (1901), vol.VI.
- *Três ensaios sobre a teoria da sexualidade* (1905), vol.VII.
- *Cinco lições de psicanálise* (1909), vol.XI.
- *A história do movimento psicanalítico* (1914), vol.XIV.
- *Conferências introdutórias sobre psicanálise* (1916-17), vol.XV e XVI.
- *Um estudo autobiográfico* (1925), vol.XX.
- *Novas conferências introdutórias sobre psicanálise* (1933), vol.XXII.

Sobre os autores

Marco Antonio Coutinho Jorge é psiquiatra, psicanalista e professor adjunto do Instituto de Psicologia/UERJ. Diretor das coleções Psicanálise Passo-a-Passo e Transmissão da Psicanálise (publicadas por Zahar), é autor de *Sexo e discurso em Freud e Lacan* (Rio de Janeiro, Zahar, 1988) e *Fundamentos da psicanálise de Freud a Lacan — vol.1: as bases conceituais* (Rio de Janeiro, Zahar, 2000), além de co-organizador de *Saber, verdade e gozo — leituras de O seminário, livro 17, de Jacques Lacan* (Rio de Janeiro, Rios Ambiciosos, 2002). É também diretor do Corpo Freudiano do Rio de Janeiro e membro-correspondente do Mouvement du Coût Freudien (Paris).

Nadiá Paulo Ferreira é psicanalista e professora titular de literatura portuguesa da UERJ. Tem vários artigos publicados em periódicos nacionais e internacionais, e é autora de *Poesia barroca — Antologia do século XVII em língua portuguesa* (Rio de Janeiro, Ágora da Ilha, 2000) e co-autora de *Paixão e revolução*, *O que é um pai?* e *Ainda o amor* (todos pela EdUERJ, 1996, 1997 e 1999). É também membro do Corpo Freudiano do Rio de Janeiro, onde dirige o Setor de Publicações.

Psicanálise **PASSO-A-PASSO**

- **O adolescente e o outro**
  Sonia Alberti
- **Mito e psicanálise**
  Ana Vicentini de Azevedo
- **Sonhos**
  Ana Costa
- **Édipo**
- **Psicanálise com crianças**
  Teresinha Costa
- **Freud: criador da psicanálise**
- **Lacan, o grande freudiano**
  Marco Antonio Coutinho Jorge e Nadiá Paulo Ferreira
- **A sublimação**
  Orlando Cruxên
- **Freud e a religião**
  Sérgio Nazar David
- **O conceito de sujeito**
  Luciano Elia
- **A teoria do amor**
  Nadiá Paulo Ferreira
- **Histeria: o caso Dora**
  Nadiá Paulo Ferreira e Marcus Alexandre Motta
- **A interpretação**
  Laéria Fontenele
- **Freud e a cultura**
  Betty Fuks
- **Política e psicanálise**
  Ricardo Goldenberg
- **A psicose**
  Andréa M.C. Guerra
- **Angústia**
  Sonia Leite
- **Linguagem e psicanálise**
  Leila Longo
- **Para que serve a psicanálise?**
- **A transferência**
  Denise Maurano
- **Depressão e melancolia**
  Urania Tourinho Peres
- **Feminino/masculino**
  Maria Cristina Poli
- **Os outros em Lacan**
  Antonio Quinet
- **A neurose obsessiva**
  Maria Anita Carneiro Ribeiro
- **Cinema, imagem e psicanálise?**
  Tania Rivera
- **Trauma**
  Ana Maria Rudge
- **A paixão**
  Marcus André Vieira
- **Educação e psicanálise**
  Rinaldo Voltolini